AF358971

LES
TROGLODYTES,
POÈME.

T. V

42586

Nota. *Cette édition, composée de trois feuilles d'impression, est plus considérable que la première, qui ne formait que deux feuilles, et qui a été publiée en septembre dernier, au nombre de 500 exemplaires. La plupart ont été placés dans le Finistère. Je me fais un devoir bien doux d'en témoigner ici ma reconnaissance aux habitans de ce département, et, spécialement, à ceux de la ville de Morlaix, qui, eux seuls, ont bien voulu souscrire pour plus de 200 exemplaires.*

Morlaix, Février 1832.

DUMONT.

L'Auteur fera paraître, dans le courant de la présente année, un ouvrage ayant pour titre :

BREST, Poème en huit Chants.

LES TROGLODYTES,

POÈME

EN QUATRE CHANTS:

ÉPISODE TIRÉ DES LETTRES PERSANES

DE MONTESQUIEU,

et

MIS EN VERS

PAR

Honoré DUMONT.

Seconde Édition.

Oui, divine vertu, c'est toi qui fais notre bonheur, c'est toi qui verses la joie et la félicité sur toutes les situations de notre vie.

(GESSNER, *Idylle XXIX.*)

MORLAIX,

Imprimerie de V^{or} GUILMER.

1832.

AVANT-PROPOS.

L'auteur des *Lettres persanes* , ayant consulté, sur la réussite que pourrait avoir ce livre, un de ses amis, qui était très-éclairé, celui-ci répondit : *Président, cela se vendra comme du pain.* La prédiction se réalisa ; l'ouvrage dont il s'agit eut un succès prodigieux, dès son apparition, et l'empressement du public fut tel qu'à cette époque, les libraires de la capitale sollicitaient vivement les écrivains, pour qu'ils leur fissent des Lettres persanes. Cet enthousiasme a dû se modérer ; mais l'admiration pour le chef-d'œuvre dont je parle est encore universellement sentie, et subsistera probablement toujours. Un juge distingué en littérature, La Harpe, a signalé les Lettres persanes comme un des ouvrages les mieux écrits de la langue française. Tous ceux qui seront en état d'apprécier le style de cette production partageront l'opinion de La Harpe. Mais un mérite qui est à portée d'être goûté par toutes les classes de lecteurs, c'est l'intérêt puissant qu'offrent les Lettres persanes. Rien de plus agréable, de plus varié, de plus animé, de plus attachant, de plus instructif que cette composition. Le fragment que j'ai détaché d'elle, en est, peut-être, le morceau le plus frappant, et renferme, dans un cadre resserré, un tableau de la plus grande importance pour le genre humain.

L'épisode que j'offre au public pourrait être considéré comme le type du plus agréable ouvrage de Montesquieu, puisqu'un peintre célèbre, ayant voulu représenter, par une gravure, chacune des productions de ce grand homme, choisit, pour caractériser les *Lettres persanes*, le morceau sur les TROGLODYTES.

J'ai pensé que le style de Montesquieu, si pittoresque, si naturel, si rapide, et si concis, pouvait me permettre de l'assujettir au mètre poétique ; j'ai conservé, le plus qu'il m'a été possible, les propres expressions de l'auteur, et la tournure de ses idées, et son laconisme fécond ; mais, surtout, je me suis attaché à reproduire l'admirable couleur dont il revêt toutes ses images.

Entreprendre de mettre en vers un écrit de Montesquieu, est, dira-t-on, une chose inutile, et qui peut sembler téméraire ; Montesquieu lui-même faisait peu de cas de la poésie. Ainsi, pourquoi s'être donné la peine de chercher des hémistiches et des rimes, pour former un langage cadencé, qui, peut-être, n'est propre qu'à affaiblir le style et les idées de ce grand homme, loin d'en rehausser l'éclat et d'en faire ressortir le mérite ? Comment prétendre atteindre à sa concision énergique, à sa simplicité naturelle, à son admirable clarté, à son élégance nerveuse ? Cela ne rappelle-t-il pas l'entreprise insensée de cet empereur qui osa faire dorer une statue inestimable de Praxitèle, et qui, par ce moyen, en gâta les sublimes contours ? S'il eût pu jamais être à propos de prêter le langage des dieux au langage de Montesquieu, une semblable tâche ne pouvait être réservée qu'à la plume d'un Racine ou d'un Voltaire. Comment se fait-il donc qu'un versificateur obscur, ait eu assez de confiance en sa capacité, pour chercher à paraphraser les idées d'un des plus grands écrivains, d'un des penseurs les plus profonds, d'un des plus beaux génies de notre nation ? D'ailleurs, qui ne connaît pas les *Lettres persanes ?* Qui surtout n'a pas admiré le morceau sur les *Troglodytes ?* Comment se fait-il qu'un homme assujetti à des fonctions subalternes, qu'un père de famille asservi à des embarras de ménage, et qui est dans une position à être accablé de soucis : comment se fait-il, dira-t-on, qu'un tel individu conserve assez de calme en son esprit, assez d'élévation dans son âme, assez de tranquillité dans son cœur, assez de patience dans son caractère, assez de persévérance dans son goût studieux, assez de loisir dans son existence, pour s'amuser à mesurer des syllabes, à combiner des sons ?

Lecteur, ne me condamnez pas sans m'entendre. Montesquieu disait qu'il n'avait jamais eu de chagrin qu'une heure de lecture n'eût dissipé. L'étude a souvent été aussi pour mon âme une consolation dans l'adversité, et un délassement de mes fatigues. C'est peut-être à ma noble inclination pour les lettres que neuf enfans, dont plusieurs se trouvent dans un âge encore tendre, sont redevables d'avoir encore un père, et qu'une épouse estimable doit d'avoir conservé son mari. Oui, sans mon amour ardent pour la poésie, j'aurais été infailliblement atteint d'une mélancolie sombre, et j'aurais succombé sous le poids de mes peines.

Eh bien, dira-t-on, cultivez la poésie pour vous seul, puisqu'elle charme vos ennuis; mais ne donnez pas de publicité à vos travaux, puisque le succès est très-douteux, pour ne pas dire idéal. Ne vous occasionnez pas des frais qui ne feront qu'aggraver votre infortune. Vous ne pouvez jamais parvenir à la célébrité, vous ne pouvez jamais être compté au nombre des grands écrivains. Renoncez donc à vos desseins chimériques, n'attachez plus tant de prix à vos productions éphémères, et cessez d'abuser votre esprit par d'illusoires espérances.

Je n'ai point l'ambition de m'illustrer dans les lettres; mais j'ai l'émulation que je crois devoir posséder, celle d'acquérir l'estime des gens de bien, et d'adoucir un peu, par le produit de mes travaux, la gêne où ma famille est plongée. Quand le feu poétique vient embrâser un homme à l'âge de 37 ans, qu'il ne l'a pas quitté au bout de 10 ans, et qu'il ne fait que s'accroître de plus en plus, ce n'est pas là, certainement, un phosphore trompeur, un simple caprice, une fantaisie légère, une illusion vaine : c'est quelque chose qui nous vient d'en haut, une inspiration irrésistible, une mission formelle, une vocation décidée, et rien ne peut plus faire abandonner un penchant aussi vif, aussi constant, aussi marqué. Quand on approche de la cinquantaine, l'imagination doit se refroidir, l'enthousiasme doit se calmer, la raison doit se faire entendre, le jugement doit seul prédominer, et détourner de tout ce qui ne présente pas un avantage évident, une utilité réelle. Nos projets doivent alors être marqués au coin du bon sens et de la prudence; on doit persister à les suivre, quelque obstacle qu'on puisse rencontrer dans leur exécution, lorsqu'on a des intentions pures, qu'on a le sentiment de ses forces, et qu'on se sent vraiment appelé à remplir une noble tâche. On ne ferait rien de bon, rien de grand, si l'on sacrifiait son désir intime, sa propre opinion, sa ferme volonté, le cri de sa conscience, le plus doux penchant de son cœur, aux nombreuses difficultés que présentent, ou des esprits prévenus, ou des âmes timides, ou des caractères envieux, ou des cœurs ennemis de tout généreux sentiment, ou des adversaires du génie, ou des contempteurs de la vertu, ou des mortels qui voient sous un jour trompeur ce qu'ils veulent examiner. Que de gens, en effet, tirent à faux l'horoscope des mortels, et ressemblent à ce maître de danse, qui vint déclarer gravement au chancelier de Lamoignon que son fils, M. de Malesherbes, ne serait bon à rien, parce qu'il ne pouvait apprendre à former un entrechat! Que de pères même se sont trompés sur la destinée de leurs enfans! Que d'instituteurs ont été dans l'erreur sur le genre d'esprit de leurs élèves! Combien d'hommes ont brisé les entraves qu'on leur imposait, en les forçant d'embrasser une profession qui faisait violence à leur goût! Combien, qu'un zèle ardent a tirés de la condition la plus obscure, pour les élever à la vocation sublime des Bossuet et des Chrysostôme! Combien, que leurs parens contraignaient de se livrer aux études théologiques, ont changé de carrière et sont devenus de grands médecins! Combien de jeunes gens, entrés malgré eux dans la robe, ont secoué la poussière du barreau, et se sont élancés au sommet du Parnasse! Combien, qui semblaient appelés par leur naissance à des professions mercenaires, sont devenus des Cicérons ou des Démosthènes! Combien, par un amour invincible, ont fui les plaisirs du monde, pour se livrer à l'étude des sciences, et sont devenus de dignes émules des Buffon, des Berthollet, des Monge et des Laplace! Combien, qui, dans leurs premières années, conduisaient le soc nourricier, ou maniaient les instrumens mécaniques des arts, ont déployé de hautes conceptions dans la guerre, et sont devenus d'illustres héros! Mais, surtout, rien n'est meilleur que l'oppression pour faire éclater le génie, et le mettre en évidence. Une province du Rhin a vu un apprenti cordonnier, indigné d'être maltraité par son maître, s'enrôler de désespoir, et devenir feld-maréchal.

Laissez agir la nature, ou plutôt la providence : elle donne à l'homme un penchant irrésistible, qui, tôt ou tard, le place dans la sphère qui lui est propre; laissez graviter le talent, pour qu'il puisse parvenir à trouver son centre. Laissez prendre au génie un libre essort, si vous ne voulez pas qu'il fasse explosion, quand vous chercherez à le comprimer.

Le génie a ses écarts, sans doute, comme le soleil a ses taches, comme la nature a ses fléaux, comme la vertu même a ses imperfections; mais les écarts du génie sont bien moins dangereux que la fatale inertie de l'ignorance, ou ses absurdes préjugés, ou son intolérance déplorable, ou son fanatisme cruel.

Que l'on compare, si l'on veut, les écarts du génie aux éruptions de ces volcans qui portent l'épouvante autour d'eux, causent des tremblemens de terre, et renversent des cités; mais, du moins, les laves qu'ils vomissent, quand elles sont refroidies, sont mises en usage, pour des objets d'utilité publique; les cendres qu'ils répandent viennent fertiliser le sol qui les reçoit. On pourrait comparer avec plus de raison, peut-être, les maux de l'ignorance à ces vastes déserts de l'Afrique, qui n'offrent que des sables arides, constamment brûlés par les feux du soleil; dont aucune abondante rosée, dont nulle pluie bienfaisante ne peut féconder le sein, d'où s'exhalent des vapeurs perfides, qui semblent présenter, aux yeux du voyageur désespéré, comme une onde salutaire, qui va désaltérer sa bouche ardente; mais qui s'éloignent de lui, à mesure qu'il s'en approche, et le laissent expirer au milieu d'une atmosphère embrâsée, où son corps devient la proie des tigres et des vautours.

On doit, répliquera-t-on, laisser aux grands génies le soin d'éclairer la terre : il ne faut pas avoir la présomption de marcher sur leurs traces, de parvenir à leur hauteur, ni être assez audacieux pour vouloir, quelquefois, renchérir sur leurs idées. S'ils vivaient encore, leur aspect, leur majesté, l'illustration de leur nom, nous imprimeraient le respect, nous intimideraient, nous feraient baisser les yeux; et, parce que leur dépouille mortelle a disparu, et qu'il ne reste parmi nous que les sublimes inspirations de leur âme et l'éclat imposant de leur gloire, nous osons vouloir atteindre à leur renommée, en mesurer l'étendue, et prétendre nous identifier avec eux. Semblables au lierre débile, qui ramperait à terre et serait foulé aux pieds, s'il ne liait fortement sa frêle tige au tronc colossal du roi des forêts, nous cherchons à nous attacher puissamment à quelque immortel écrivain, dans l'espoir de nous associer à sa gloire, de partager sa destinée, et d'éterniser notre nom. Vainement on alléguera qu'à cinquante ans on n'est plus transporté par l'exaltation, qu'on est détrompé des illusions qui égarent l'esprit dans nos jeunes années, qu'on est conseillé par la réflexion et guidé par la sagesse. On peut objecter à cela que l'âge mur n'est pas exempt d'extravagance et d'erreur, qu'on fait des folies à tout âge, et que l'amour-propre vient aveugler l'homme dans toutes les situations de la vie, dans tous les degrés de l'existence.

Je n'ai pas la prétention de régenter le monde ni d'endoctriner les nations. Les bons précepteurs de l'humanité ne sont plus rares : dans plusieurs états, Montesquieu a des émules dignes de lui, et même son *Esprit des Lois* ne peut plus s'attendre à être l'unique boussole des gouvernemens; mais il peut, avec justice, s'attribuer la gloire d'avoir donné une grande impulsion au système social, et d'avoir provoqué la régénération graduelle, paisible et bienfaisante de l'espèce humaine. Sur les principaux points du globe, on voit briller d'admirables flambeaux; les phares de la civilisation veulent partout s'établir, et cependant, hélas ! combien de peuples sont encore plongés dans des ténèbres grossières, dans une funeste stupeur, dans une hideuse ignorance, dans une affreuse barbarie, dans une superstition monstrueuse, dans une horrible misère, dans un esclavage infâme, dans un abrutissement odieux, dans une férocité révoltante ! On peut le prédire, on peut l'espérer, on peut l'assurer même, toutes les nations goûteront enfin le bienfait d'institutions raisonnables et salutaires : la lutte entre le despotisme et la liberté n'est plus douteuse, quoique malheureusement elle doive être trop souvent terrible, opiniâtre et sanglante. La tyrannie lâche difficilement sa proie, et quelquefois il faut la lui arracher par lambeaux.

Je ne me flatte pas de pouvoir augmenter l'attention que l'on doit à

Montesquieu ; mon principal but est de témoigner ma vive admiration
pour ce beau génie : je cherche à rendre hommage à sa mémoire, et je
me suis proposé de mettre dans un nouveau jour quelques-uns des
principes les plus féconds, quelques-unes des idées les plus lumineuses
de cet illustre écrivain. J'ai pensé que mes sons ne pouvaient pas déparer
sa noble prose, et je voudrais mériter l'indulgence qu'un lieutenant-
général, duc et pair de France, a eu la bonté d'avoir pour le premier
travail que j'ai publié sur Montesquieu, lorsque ce personnage a daigné
m'écrire qu'il était bien convaincu que mes vers n'étaient pas au-dessous
du grand homme que je chantais.

Je prévois qu'on pourra dire que, si j'ai quelque génie, j'aurais mieux
fait de l'employer à traiter un sujet tiré de mon propre fonds que de
revêtir de mes expressions les idées d'autrui. Je me suis passionné pour
Montesquieu, et c'est un de ses écrits les moins considérables, c'est
l'énergique *dialogue de Sylla et d'Eucrate*, qui a fait naître dans mon
âme le désir de devenir poète ; et il est bien singulier que ce soit mon
admiration pour l'œuvre d'un prosateur, d'un publiciste, qui ait révélé
en moi le goût de la poésie.

Au surplus, ce n'est, peut-être, pas par stérilité d'esprit que je me
suis attaché à reproduire les idées de Montesquieu, au lieu de développer
les miennes. On verra, peut-être bientôt, que je ne suis pas entièrement
dépourvu d'imagination ni d'invention poétique, car j'ai su créer un
poème considérable sur M. de Malesherbes ; et j'ose me flatter que ma
production ne sera pas indigne d'être offerte à la mémoire de cet
homme si vénéré.

Mon enthousiasme pour Montesquieu m'a porté à entreprendre un
grand ouvrage de poésie en l'honneur de cet illustre publiciste, et j'ai
fondu, dans ma production, plusieurs passages des principaux écrits de
cet admirable auteur. Mais, récemment, j'ai réfléchi qu'une semblable
composition ne présentait pas assez d'unité dans son ensemble, ni une
forme assez didactique, ni assez d'imagination pour faire l'objet d'un
poème aussi vaste. En conséquence, j'ai renoncé au projet de publier
cet ouvrage ; mais, pour ne pas perdre le fruit d'un travail de plusieurs
années, qui me semble avoir quelque importance ; et, j'ose le dire, pour

tâcher de me rendre utile, en cherchant à répandre, dans toutes les classes de la société, les principes des plus saines doctrines, j'ai résolu de mettre au jour, séparément, plusieurs parties du poème dont il s'agit, et qui peuvent former, chacune, le sujet d'une petite brochure intéressante ; ce sont : LES TROGLODYTES ; LA LIBERTÉ ; LE DESPOTISME ; LES LOIS ; LA JUSTICE ; LE COMMERCE ; LES SCIENCES.

Tout estimable écrivain doit avoir pour but de faire germer, ou de développer quelques bons sentimens dans le cœur des hommes : je ne dois pas dissimuler que je serais bien flatté si mes écrits pouvaient obtenir un si doux résultat.

On sera, sans doute, charmé de trouver ici le jugement qu'ont porté, sur l'épisode que j'offre au public, deux des meilleurs écrivains de la langue française.

Voici comment l'un s'exprime :

« On peut observer que les plus sérieux philosophes ont cherché,
» dans les rêves de leur imagination, le dédommagement des tristes
» connaissances qu'ils avaient acquises sur la vie humaine, comme si,
» plus on avait étudié ce monde incorrigible, plus on s'élançait vers
» un autre monde, dont toutes les lois et toute l'histoire sont à la
» disposition d'un cœur vertueux. Après avoir éprouvé les caprices de
» la démocratie et ceux du despotisme, après avoir vu, dans Athènes, des
» hommes libres, souillés par la mort d'un juste, Platon s'occupait
» tantôt à rêver l'Atlantide, tantôt à préparer les institutions de son
» impraticable république. Tacite, pour se consoler de la peinture trop
» fidèle de Rome, embellissait l'histoire d'une peuplade sauvage, et fesait
» sortir la sagesse et la vertu de ces forêts qui cachaient encore la liberté.
» Morus et Harrington, dans des jours de fanatisme et de fureur,
» décrivaient le bonheur d'un état libre et sans faction, où la plus
» parfaite sécurité s'unirait à la plus parfaite indépendance.

» Des illusions plus instructives et plus vraisemblables ont inspiré à
» Montesquieu l'épisode des Troglodites, de ce peuple si malheureux
» quand il est insociable, qui passe du crime à la ruine, se renouvelle
» par les bonnes mœurs, et, trop tôt fatigué de ne devoir sa félicité qu'à
» lui-même, va chercher dans l'autorité d'un maître un joug moins

» pesant que la vertu. Ces trois périodes, admirablement choisies,
» présentent tout le tableau de l'histoire du monde. Mais ce qui honore
» la sagesse de Montesquieu, c'est qu'ils renferment le plus bel éloge de
» la vie sociale. Tandis que Rousseau prononce anathême contre le
» premier auteur de la société, tandis que, par amour de l'indépendance,
» il veut arracher les premières bornes, qni posées autour d'un champ,
» furent le symbole de la justice naissant avec la propriété, Montesquieu
» fonde le bonheur sur la justice, affermissant les droits de chacun pour
» l'indépendance de tous. A ses yeux, l'âge de la corruption et du
» malheur, c'est le moment où l'égoïsme armé se soulève contre les lois,
» où la violence des individus détruit les promesses que la société a faites
» à ses membres. L'âge de la liberté, c'est l'âge de la justice présidant au
» maintien des intérêts civils, à la sainteté des contrats, à l'équité des
» échanges, à la perfection de la vie sociale, c'est-à-dire au respect de
» tous les droits consacrés par elle. Les images des vertus privées,
» les douces peintures d'une condition parée de l'innocence, viennent
» orner le tableau, pour ajouter à cette première leçon, qui place dans
» la vertu des citoyens la force de l'état, une autre leçon, trop oubliée :
» c'est que la morale des familles fait les citoyens et maintient ou
» remplace les lois. Vérités naïves, au-delà desquelles n'auraient pas dû
» remonter ces hardis investigateurs , qui , voulant creuser jusqu'aux
» racines de l'arbre social , l'ont renversé dans l'abîme qu'ils avaient
» ouvert ! »

(M. Villemain, *éloge de Montesquieu.*)

L'autre auteur, dont je réclame l'opinion, s'énonce en ces termes :

« Le morceau sur les Troglodites n'est pas, comme le dit d'Alembert,
» *le tableau d'un peuple vertueux, devenu sage par le malheur ;* c'est
» l'histoire d'une petite tribu, que de tardives et heureuses inspirations
» de la nature font sortir de la condition des animaux les plus bruts,
» qu'elles guident, par la seule lumière du sentiment, aux vertus les
» plus touchantes de l'égalité et de l'humanité : oubliant ce guide
» céleste, la tribu cherche un plus grand bonheur, tantôt sous des lois
» et sous des maîtres ; et toute sa félicité s'évanouit avec ses vertus. Dans
» une vingtaine de faits, tous naïfs et pathétiques, c'est l'analyse la plus

» lumineuse du but , des principes et des résultats inévitables de
» l'existence sociale. Non , le portique, dont d'Alembert a dit que ce
» morceau était digne , ne nous en a point transmis qui ait ainsi donné
» à la plus simple raison les caractères les plus touchans et les plus
» religieux. Les nations, qui ont tant de cultes divers, si elles avaient
» un culte social , devraient , sans doute , graver l'histoire des Troglodites
» sur leurs autels, et la lire , aux grandes solennités , comme l'évangile
» des vertus et de la morale sociale. »

(M. GARAT, *Mémoires historiques* , Tome 1er.)

D'après les témoignages que je viens d'invoquer , je suis bien sûr de
présenter au public un ouvrage qui a droit de l'intéresser et de lui plaire ,
et je crois ma confiance d'autant mieux fondée , que la production dont
il s'agit réunit l'utile à l'agréable.

Les Troglodytes.

CHANT PREMIER.

LES TROGLODYTES.

CHANT PREMIER.

Montesquieu nous a peint, dans son charmant ouvrage,
Un Persan, qui, par zèle, entreprend un voyage
Au milieu de l'Europe, et révèle à nos yeux
Des détails que sa plume a rendus précieux.
C'est un asiatique illustre et magnanime :
On ne peut qu'applaudir à l'ardeur qui l'anime;
On ne peut que louer le goût observateur
D'un esprit qui présente autant de profondeur,
Et qu'on voit déployer des sentimens très-sages,
Quand il vient retracer les différens usages

Des peuples qu'il visite, et qu'il sait observer
Avec un talent rare et propre à captiver
Toute l'attention du lecteur, qu'il éclaire,
Sans venir étaler une morale austère.
En attendant qu'un jour ma muse puisse offrir
Tout ce qu'en Montesquieu son goût a su choisir,
Elle veut célébrer, par des sons poétiques,
Des principes semés de vérités pratiques,
Et que l'on voit former un épisode heureux,
Dans un livre rempli d'aperçus lumineux.
Ce fragment, revêtu d'une forme attachante,
A su me maîtriser, par sa grâce touchante.
Puissé-je, en lui prêtant un nouveau coloris,
Avoir l'assentiment de ces nobles esprits
Qui chérissent le nom de l'auteur admirable
Dont ici je signale un écrit mémorable!
    Usbek, si distingué pour son instruction,
De Persans éclairés ayant l'affection,
Plusieurs lui font bientôt parvenir l'assurance
Des regrets qu'en leur cœur a laissé son absence.
Depuis qu'il ne vient plus, par ses sages discours,
Guider leurs entretiens, il semble que toujours
Leur conversation, bien moins intéressante,
Languit, ayant perdu sa force stimulante :
Elle offre encor pourtant beaucoup de profondeur;
Elle nourrit l'esprit, elle épure le cœur,
Et fait goûter à l'âme un charme inexprimable,
Qui toujours aux mortels est le plus profitable.

Sur un objet majeur de leurs doctes propos,
Mirza, l'ami d'Usbek, l'interroge en ces mots :
Nous disputons beaucoup, dans cette capitale,
Et nos disputes ont pour sujet la morale.
Hier, on demanda si l'on était heureux
En suivant constamment des penchans vertueux,
Ou bien si le bonheur consistait, au contraire,
Dans les plaisirs des sens, que l'on veut satisfaire.
Souvent tu nous as dit que les mortels sont nés
Pour aimer la vertu, pour s'en voir dominés :
Que la justice tient si fort à leur essence
Qu'elle est propre à leur être autant que l'existence.
Veuille bien me donner des explications
Sur ce qui fait l'objet de nos discussions.
Des Mollacks j'aime peu l'opinion sévère,
Sur ces cas importans, qu'à ton cœur je défère :
De l'alcoran toujours ils viennent me citer
Des traits que la foi seule est propre à méditer;
Il me faut des raisons où l'évidence brille;
Car je cherche à m'instruire en père de famille,
En homme, en citoyen, non comme vrai croyant,
Et veux suivre l'avis d'un esprit clairvoyant.
Usbek de son ami voudrait remplir l'attente,
Il voit que sa demande est très-intéressante.
A la résoudre donc il aime à s'empresser,
Et voici ce qu'alors il lui vient adresser.
Tu caches ta raison, mais je la vois paraître;
Et, la mienne, tu veux aujourd'hui la connaître.

Ton jugement descend jusqu'à me consulter,
Tu crois que mes discours pourront te contenter.
Pour moi c'est un plaisir, aussi pur qu'agréable,
Que cette opinion, qui m'est si favorable;
Mais un autre motif est pour moi plus flatteur,
C'est que l'amitié vient interroger mon cœur.

　Pour traiter ce qu'ici ta volonté désire,
J'ai cru que quelques faits pourraient seuls te suffire.
Il est des vérités que l'on sent beaucoup mieux
Alors que l'on en met l'exemple sous nos yeux :
Telles sont, très-souvent, celles de la morale,
Qui, pour plaire, jamais un vain savoir n'étale.
De l'histoire je vais te citer un fragment
Qui, peut-être, obtiendra tout ton assentiment,
Puisqu'à faire le bien simplement il excite.

　Jadis un petit peuple, appelé Troglodyte,
Était en Arabie : on dit qu'il descendait
D'un peuple dont le corps était tout contrefait.
Ces Troglodytes-ci n'étaient pas si difformes :
Des ours ils n'avaient pas les effroyables formes;
Ils ne s'annonçaient point par quelques sifflemens;
Leur tête avait deux yeux; mais tous leurs sentimens
Manifestaient un cœur si méchant, si féroce,
Que l'équité toujours fuyait leur âme atroce.

　Ils possédaient un roi, d'une autre extraction,
Qui, voulant corriger toute leur nation,
Les gouvernait avec un régime sévère.
On les vit repousser sa règle salutaire;

On les vit conspirer contre un monarque sage :
Ils le mirent à mort, dans un accès de rage ;
Et, toute sa famille, on vint l'exterminer.
   Après ce coup affreux, qui nous fait frissonner,
Ils s'assemblèrent tous, pour l'objet politique
D'apporter un remède à la chose publique.
A la suite du feu de leurs dissensions,
On les voit conférer les grandes fonctions
A divers magistrats, qu'ils massacrent encore,
Parce que, les forfaits, leur pouvoir les abhorre.
   Libre d'un joug nouveau, ce peuple destructeur
Ne veut plus écouter que son horrible humeur :
Nul ne veut plus alors obéir à personne,
Et, cet étrange accord, chacun le sanctionne :
On convient que chacun, dans son isolement,
A tous ses intérêts veillera seulement,
Sans consulter en rien le commun avantage.
   Tous croient avoir alors la sagesse en partage ;
Ils disent : Quand de moi dépend mon avenir,
Faut-il qu'en travaillant je me fasse mourir,
Pour des gens envers qui j'ai de l'indifférence ?
Je ne veux m'occuper que de mon existence :
Par mes uniques soins je veux me rendre heureux ;
D'un autre que me fait le destin rigoureux ?
Mes besoins, je saurai toujours les satisfaire ;
Pourvu que ma personne ait tout son nécessaire,
De la gêne d'autrui je ne fais aucun cas.
   On allait bientôt voir la saison des frimats :

On était dans le temps où le soc fend la terre,
Pour la fertiliser, par un art salutaire.
Chacun, voulant remplir son odieux penchant,
Dit alors : Je ne veux ensemencer mon champ
Que pour la quantité propre à ma subsistance ;
Je ne veux point avoir de plus grande abondance.

Le terroir du pays, différant fortement,
N'était pas en tous lieux fertile également :
Bien des terres étaient arides, montagneuses ;
Beaucoup d'autres encor, c'étaient les moins nombreuses,
Étaient dans des lieux bas, où coulaient des ruisseaux.
Cette année on vit peu du ciel tomber les eaux ;
Sur les hauts lieux alors la grande sécheresse
Avec elle amena la gêne, la détresse.
Les champs qu'on arrosa furent partout féconds.
Ainsi les habitans des côteaux et des monts
Sous la cruelle faim presque tous succombèrent,
Car, de les secourir, les autres refusèrent.

L'an d'ensuite l'on vit pleuvoir abondamment,
Et les lieux élevés eurent complètement
Ce que leur sol pouvait en tout genre produire ;
Mais, aux plaines, les eaux vinrent fortement nuire.
La famine bientôt fit périr la moitié
D'un peuple inaccessible à la douce amitié :
Ceux envers qui naguère on fut impitoyable
Montrèrent un cœur dur, farouche, inexorable.

Un de leurs citoyens, des plus considérés,
De sa femme voyait les attraits admirés ;

Un voisin, qui pour elle eut une flamme ardente,
Ose enlever alors cette épouse charmante.
Une grande querelle entre eux vint éclater ;
Las de s'injurier et de se maltraiter,
Chacun des deux convint d'invoquer l'arbitrage
D'un homme qu'ils croyaient d'un caractère sage.
Ils portent devant lui leurs explications :
Que me font, leur dit-il, vos contestations ?
Cette femme n'est pas certainement la mienne ;
Qu'à vous, ou bien à vous cette épouse appartienne,
M'importe-t-il à moi de décider ce cas,
Qui semble vous causer un si grand embarras ?
Mon temps doit se donner aux soins du labourage :
Me faut-il négliger pour vous mon avantage ?
Laissez-moi donc aller travailler en repos,
Et ne m'importunez jamais de vos propos.
Il les quitte soudain, pour aller à sa terre.
Le ravisseur, montrant une grande colère,
Fit serment qu'il voudrait mille fois mieux mourir
Que de rendre l'objet qui comblait son désir.
L'autre, moins fort que lui, criait à l'injustice,
Contre un voisin rempli d'une insigne malice ;
Il maudissait aussi l'extrême dureté
Du juge à qui son cœur s'en était rapporté.
Il retournait chez lui, le désespoir dans l'âme,
Lorsqu'en chemin il trouve une agréable femme :
Elle était jeune et belle, et lui plut aussitôt ;
Mais davantage encore elle lui plut bientôt,

Quand il sut qu'elle était l'épouse de ce juge
En qui, dans son malheur, il cherchait un refuge.
La voulant voir à lui, d'après cette raison,
Il l'enlève et l'emmène alors à sa maison.

Le possesseur d'un champ, qu'il rendait très-fertile,
Ne put pas conserver seulement son asile :
Deux voisins, s'unissant, pour l'usurpation,
Envahirent bientôt son habitation :
On les vit faire un pacte, afin de se défendre
Contre ceux qui voudraient s'efforcer de reprendre
La maison et le champ qu'ils venaient de ravir;
Ils surent plusieurs mois, par là, se maintenir.
Mais l'un d'eux, ennuyé de ce commun partage,
Qui le privait d'avoir lui seul tout l'avantage,
A son associé dès-lors donna la mort;
Et lui-même, bientôt, eut un semblable sort :
Deux autres habitans, ensemble, l'attaquèrent;
Il ne put résister, tous deux le massacrèrent.

Un Troglodyte, un jour, désira d'acheter
De la laine, qu'en vente on venait présenter.
Il était presque nu, le marchand vit sans peine
Que cet homme voulait absolument sa laine.
Dans sa pensée, il dit : Elle vaut seulement
Autant que coûteraient deux boisseaux de froment;
Quatre fois plus encor je m'en vais la lui vendre,
Car je crois qu'on le peut facilement surprendre.
A donner un tel prix, le besoin obligeait :
Il fallut donc payer tout ce qu'on exigeait.

Quand on veut nous tromper, aisément on nous lèse.
Le vendeur dit alors : Je dois être bien aise,
Je vais me procurer du blé, dès ce moment.
Que dites-vous ? reprit l'acheteur, vivement :
Vous désirez du blé ? Je puis vous satisfaire,
Moi, je puis vous en vendre, ainsi faisons affaire :
Le prix seul pourra bien vous étonner un peu,
Car sachez que les grains sont fort chers en tout lieu :
Presque partout on voit que la famine règne ;
Et, quoique avec raison moi-même je la craigne,
Si pourtant vous voulez me rendre mon argent,
Vous aurez, en retour, un boisseau de froment ;
Je ne m'en défais pas de nulle autre manière,
Je veux avoir de vous la somme tout entière ;
Je ne me montre pas envers vous plus humain,
Dussiez-vous, sous mes yeux, même crever de faim.
    L'iniquité semblait s'être là concentrée.
On vit un mal cruel ravager la contrée.
Du pays limitrophe un médecin fameux
Vint donner à beaucoup les soins les plus heureux.
Quand il eut pleinement chassé la maladie,
Il alla chez tous ceux qui lui devaient la vie,
Afin de réclamer le prix de son labeur.
Partout il ne trouva que refus et rigueur :
Sans avoir obtenu le plus léger salaire,
Il partit pour jamais de cette ingrate terre ;
Accablé de fatigue, il arriva chez lui,
Outré d'un procédé qu'il trouvait inouï.

Bientôt il sut encor que cette maladie
Affligeait de nouveau cette contrée impie.
On vint le supplier alors d'y revenir,
Et l'on n'attendit pas que son art vint s'offrir.
« Allez, dit-il, allez, hommes pleins d'injustice;
» Vous voulez qu'à vos maux mon zèle soit propice,
» Et vous avez dans l'âme un plus mortel poison
» Que celui dont vos vœux cherchent la guérison;
» Vous ne méritez pas, sur la terre, une place,
» Puisque l'humanité n'a dans vous nulle trace,
» Et que de l'équité vous méprisez les droits.
» Les Dieux vous ont punis par les plus saintes lois :
» Je croirais offenser leur volonté sévère,
» Si mon art s'opposait à leur juste colère. »

FIN DU PREMIER CHANT.

es roglodytes.

CHANT SECOND.

LES TROGLODYTES.

CHANT SECOND.

Tu vois, mon cher Mirza, que ce peuple a péri
Par la méchanceté dont il était pétri :
De sa vie il paya ses propres injustices,
Qu'accompagnaient toujours les plus fougueux caprices.
Deux familles alors restèrent seulement
De ce nombre si grand, qu'on vit précédemment.
Deux hommes singuliers, en tout leur caractère,
Habitaient en ce temps cette coupable terre :

Justes autant qu'humains, ils aimaient la vertu,
Leur intérêt entre eux se trouvait confondu ;
Leur cœur sincère, ouvert, et rempli de droiture,
Se distinguait ainsi par sa noble nature :
En eux seuls se trouvait la plus douce amitié ;
Leur âme ressentait, par la seule pitié,
Tous les funestes maux qu'éprouvait leur patrie,
Et constamment leur âme en était attendrie :
Ce motif accroissait encor leur union.
Ils travaillaient avec beaucoup d'affection
Pour l'intérêt public, et leur sollicitude
Montrait d'un zèle vrai toute la plénitude ;
Leur vie était heureuse, et la tranquillité
Habitait avec eux un asile écarté
De leurs concitoyens, dont l'indigne licence
Ne venait point souiller un séjour d'innocence :
Le sol que cultivaient ces vertueuses mains
Semblait sans nul effort accomplir les desseins
De deux mortels, doués de l'âme la plus pure,
Dont les soins soulageaient la féconde nature.

    Leurs épouses en eux trouvaient un tendre amour,
Et les récompensaient d'un sensible retour.
Chérissant la vertu, ces mortels respectables
Donnaient à leurs enfans des principes louables.
Sans cesse ils leur disaient les terribles malheurs
D'un peuple anéanti pour ses coupables mœurs ;
Ils offraient à leurs yeux cet exemple funeste
Qu'a voulu leur donner la colère céleste.

Ils montraient que toujours l'intérêt de chacun
Se trouve renfermé dans l'intérêt commun;
Qu'on se perd, quand on cherche à séparer sa cause
De l'intérêt public, où l'équité repose;
Que la vertu ne peut coûter à notre cœur,
Qu'elle n'est point pour nous un pénible labeur;
Qu'envers autrui, toujours, notre propre justice
Nous est avantageuse, est un doux exercice:
　　Bientôt leur cœur goûta la consolation
De voir que leurs enfans, pleins d'émulation,
Par de nobles penchans ressemblaient à leurs pères,
Dont pour eux les conseils étaient si salutaires.
Ce peuple tout nouveau, s'élevant sous leurs yeux,
Eut de l'accroissement par des liens heureux :
Le nombre s'augmenta, l'union fut constante;
Et la vertu, bien loin d'être moins attachante,
Eut plus de force encore et plus de sainteté
Des exemples nombreux de la société.
　　Qui peindra le bonheur de tous ces Troglodytes?
A faire ce tableau sans doute tu m'invites.
Un tel peuple devait être chéri des dieux.
Dès que pour les connaître il put ouvrir les yeux,
Il apprit à les craindre, et l'aimable influence
De la religion polit son existence;
Elle vint adoucir complétement ses mœurs.
　　Ce peuple, dans les dieux, voyait ses bienfaiteurs :
Ayant institué des fêtes solennelles,
Pour bénir dignement leurs faveurs paternelles,

Dans ces jours d'allégresse, ici chacun venait
Remercier les dieux, de qui tout émanait.
Là les vierges, alors, de fleurs toutes ornées,
Des jeunes citoyens étaient environnées.
La danse y déployait aussi ses agrémens ;
La musique y brillait par des accords charmans
Ces fêtes présentaient un aspect admirable ;
Ensuite l'on voyait un spectacle agréable,
Et c'étaient des festins, où la douce gaîté
Régnait toujours autant que la frugalité.
En ces réunions, la nature naïve
Faisait parler sa voix salutaire et craintive :
Dans le charme bien doux d'un aimable abandon,
C'est là que de son cœur on faisait l'heureux don ;
La pudeur virginale, en ces fêtes touchantes,
Qui toujours se montraient pures, intéressantes,
Faisait un tendre aveu, que surprenait l'amour,
Mais qu'approuvaient bientôt les pères à leur tour.
Les tendres mères là prévoyaient avec zèle
Que l'union serait douce autant que fidèle.

　Afin de satisfaire un sentiment pieux,
Au temple l'on allait, pour invoquer les dieux.
Les vœux que l'on faisait étaient pleins de sagesse.
On ne désirait point d'obtenir la richesse,
Ni l'abondance, à charge aux modestes souhaits :
Les hommes que je peins dédaignaient ces objets ;
Si de tels biens pouvaient avoir quelque avantage,
Des autres on voulait qu'ils fussent le partage.

Par de plus saints motifs, ces fortunés mortels
Venaient se prosterner jusqu'au pied des autels :
Ils venaient demander la santé de leurs pères,
L'amour de leurs enfans, l'union de leurs frères;
Ils souhaitaient aussi posséder constamment
De leurs dignes moitiés le doux attachement.
Les filles y venaient, sous un puissant auspice,
Apporter de leur cœur le tendre sacrifice :
Elles ne demandaient d'autres grâces aux dieux
Que de rendre à leur tour un Troglodyte heureux.

    Le soir, quand les troupeaux quittaient le pâturage,
Et que les bœufs lassés venaient du labourage,
Ces mortels s'assemblaient pour un repas frugal,
Et fortifiaient là leur haine pour le mal.
Des bonnes actions ils vantaient les mérites.
Ils chantaient les malheurs des anciens Troglodytes,
La vertu renaissant chez un peuple nouveau,
Et la félicité le formant en faisceau.
Ils célébraient des dieux les grandeurs souveraines,
Et leurs soins attentifs aux misères humaines;
Leur courroux que jamais on ne peut éviter,
Quand par ses actions l'homme vient l'exciter.
Ensuite ils décrivaient l'existence champêtre,
Seul état de la vie où l'on peut se connaître,
Douce condition, dont l'innocence encor
Semble nous rapprocher de l'antique âge d'or.
Au doux sommeil bientôt leurs yeux s'abandonnaient :
Les soins et les chagrins jamais ne le gênaient.

Ces mortels étaient donc heureux dans tous les points; (*)
La nature comblait leurs désirs, leurs besoins,
Et la cupidité leur était étrangère;
Toujours la bienfaisance à leur cœur était chère :
Ils faisaient des présens, où celui qui donnait
Croyait que l'avantage à lui seul revenait.
Ce peuple pensait être une famille unique;
Il préférait à tout la fortune publique.
Les troupeaux se trouvaient très-souvent confondus :
On eût cru prendre là des soins fort superflus,
Si, comme en d'autres lieux, on eut suivi l'usage
De faire de ces biens fréquemment le partage.

FIN DU SECOND CHANT.

(*) « Quel cœur n'eût été ému, en pénétrant sous l'humble toit du
» vertueux Troglodite, d'y contempler le bonheur, jurant avec les
» mœurs une alliance éternelle . . . .
  » M. de Montesquieu a fait de ce peuple un tableau bien intéressant.
» On serait tenté de le prendre pour un portrait de fantaisie, si les
» historiens n'en établissaient les détails et la vérité. »
  (Extrait du DISCOURS qui a remporté les deux prix d'éloquence,
au jugement de l'académie des sciences, belles-lettres et arts de Besançon,
en l'année 1776, sur ce sujet : *Combien le respect pour les* MOEURS
contribue au bonheur d'un ÉTAT. Par M. l'abbé de Moy, chanoine
honoraire de Verdun et curé de Saint-Laurent, à Paris.)

Les Troglodytes.

CHANT TROISIÈME.

LES TROGLODYTES.

CHANT TROISIÈME.

Je ne saurais, Mirza, te parler trop long-temps
D'un peuple distingué par tous ses sentimens;
Ces entretiens qu'ici je fais des Troglodytes,
Par ton attention tu me les facilites.
Un d'eux disait un jour : Je vois l'occasion
De bientôt accomplir la vive intention
Qui me porte à me rendre agréable à mon père :
Demain il doit aller ensemencer sa terre;
Deux heures avant lui je m'y transporterai;
A son insçu, son champ, je le labourerai.

Tout sera terminé lors de son arrivée.
La douce joie alors me sera réservée.
  Un autre se disait : je pense que ma sœur
De l'un de nos parens a su toucher le cœur :
Ce jeune Troglodyte aussi paraît lui plaire ;
Pour leur bonheur, il faut que j'en parle à mon père,
Afin de décider cette douce union.
Mon âme sentira leur satisfaction.
  Un autre, ayant appris la nouvelle attristante
Que des voleurs, venus de la rive adjacente,
Avaient soudainement enlevé son troupeau.
Je suis, dit-il, fâché d'un trait qui n'est pas beau,
Car, dans ce jour, je perds une rare génisse,
Que je voulais aux dieux offrir en sacrifice.
  Un autre proférait ces mots religieux :
Il faut que j'aille au temple acquitter tous mes vœux ;
Mon frère, qu'aime tant mon respectable père,
Et dont aussi la vie à moi-même est bien chère,
Vient très-heureusement de rentrer en santé,
Par la protection de la divinité.
  Un d'eux disait encor, dans son zèle louable :
Près du champ de mon père est un champ labourable,
Où le soleil répand ses brûlantes ardeurs,
Et j'y vois accablés de peines, de sueurs,
Ceux à qui ce terrain doit toute sa culture.
Si je puis, je rendrai leur fatigue moins dure :
Deux arbres, en ce lieu, je m'en vais disposer ;
Sous leur ombre ces gens viendront se reposer.

Plusieurs étant ensemble, un jour, dans une enceinte,
Sur le front d'un vieillard la tristesse était peinte ;
Il voyait prendre part à la réunion
Quelqu'un qu'il soupçonnait d'une indigne action :
S'approchant doucement d'un jeune Troglodyte,
Il vint lui reprocher sa coupable conduite.
Tous les autres alors se montrent fort surpris :
Ce crime, nous croyons qu'il ne l'a pas commis ;
S'il a, disent-ils, fait cet acte condamnable,
Qu'il meure le dernier de sa famille aimable.
Des étrangers, un jour, pillèrent la maison
D'un Troglodyte, allé recueillir sa moisson ;
Ils emportèrent tout. Quand il eut connaissance
De ce coup, qui partait d'une insigne insolence,
Il dit tranquillement : Si leur trait odieux
Me permettait ce vœu, je voudrais que les dieux
Les laissassent jouir plus long-temps que moi-même
De ce qu'ils m'ont ravi, par leur audace extrême.
Tant de prospérités ne purent qu'irriter
L'envie, en tous les temps active à tourmenter :
Plusieurs peuples voisins, se liguant s'assemblèrent,
Et, sans nécessité, la paix, ils la troublèrent ;
Sous un prétexte vain, préparant de grands maux,
Ils avaient résolu d'enlever les troupeaux
Du peuple dont je peins la tranquille existence,
Et qui coulait des jours filés par l'innocence.
Voyons-le repousser la coalition
De peuples odieux, par leur agression.

Connaissant ce projet, les heureux Troglodytes,
Pour conjurer l'effet des actes illicites
Qu'allaient exécuter de nombreux agresseurs,
Envoyèrent vers eux quelques ambassadeurs,
Qui, soutenant les droits d'un peuple doux et sage,
Déployèrent alors un bien noble langage,
Qu'animait la droiture et la simplicité;
Ils firent en ces lieux parler la vérité.
Ils surent s'exprimer en termes explicites :
   « Quel mal vous ont jamais causé les Troglodytes,
» Pour vous faire contre eux en masse vous lever?
» Les a-t-on jamais vus vos femmes enlever?
» Ont-ils de vos troupeaux, fait entre eux le partage?
» Ont-ils jamais porté dans vos champs le ravage?
» Non : pour nous la justice est un devoir sacré,
» Et le pouvoir des dieux est par nous révéré.
» Vous marchez contre nous! Quel sujet vous amène?
» Pour vos habillemens, voulez-vous de la laine?
» Ou voulez-vous du lait de nos nombreux troupeaux?
» Ou voulez-vous des fruits qu'ont produit nos côteaux?
» Changez de procédés, et mettez bas les armes;
» Puis, sans vouloir ici répandre des alarmes,
» Venez paisiblement parmi nos citoyens,
» Et nous vous donnerons alors de tous ces biens.
» Mais, si comme ennemis vous entrez sur nos terres,
» Vous serez, à nos yeux, injustes, téméraires,
» Et nous vous traiterons, dans votre indignité,
» Comme des animaux pleins de férocité. »

Ces raisons, que l'on voit fortement énoncées,
Furent, avec mépris, aussitôt repoussées.
Et ces peuples grossiers, les armes à la main,
Dans la terre d'autrui pénétrèrent soudain,
Pensant qu'elle n'avait pour unique défense,
Contre tous leurs efforts, que la douce innocence
D'un peuple, qu'ils croyaient pouvoir facilement
Dépouiller de ses biens, dans son isolement,
Mais la plus noble ardeur soutient les Troglodytes,
O céleste vertu, combien tu les excites !
On vient livrer combat : leurs femmes, leurs enfans,
Sont mis au milieu d'eux, dans ces momens pressans.
Voyant tant d'ennemis envahir leur patrie,
Ce fut l'iniquité de leur effronterie,
Et non leurs nombreux rangs, qui parut étonner
Des mortels que l'honneur pouvait seul dominer.
D'eux une ardeur nouvelle alors s'est emparée,
Pour défendre une cause héroïque et sacrée :
L'un, pour son père vient s'efforcer de mourir ;
Pour ses enfans, sa femme, un autre veut périr ;
Celui-ci, déployant une rare vaillance,
Pour ses frères veut perdre en ce lieu l'existence ;
Pour son amante, un autre, excité par l'amour,
Montre un brillant courage, en ce glorieux jour ;
Pour ses amis, qu'il voit dans un péril extrême,
Celui-là veut mourir, en leur présence même.
Chacun voulait enfin ses jours sacrifier
Pour le grand intérêt du peuple tout entier.

La place de celui qui terminait sa vie
Se trouvait aussitôt par un autre remplie,
Lequel, outre le but de ce commun danger,
Avait encor la mort d'un des siens à venger.

    Tel fut donc ce combat, bien digne de mémoire,
Dont il m'est doux ici de retracer l'histoire.
Tu vois que l'injustice attaqua la vertu,
Mais que son fol espoir fut bientôt abattu.
Ces peuples, qui formaient une alliance impie,
Dans un sol généreux voient leur force engloutie;
Ils venaient là, guidés par la cupidité :
La honte vint s'unir avec la lâcheté,
Pour diriger leur fuite, après ce choc terrible,
Où leur orgueil croyait cette ligue invincible.
Ils cèdent aux vertus d'un peuple cher aux dieux,
Sans qu'elles aient touché leur cœur pernicieux.

FIN DU TROISIÈME CHANT.

 Les Troglodytes.

CHANT QUATRIÈME.

LES TROGLODYTES.

CHANT QUATRIÈME.

Le peuple s'accroissant chaque jour davantage,
On crut que ce serait un parti vraiment sage,
Que de choisir un roi pour gouverner l'état,
Et l'on se réunit pour un tel résultat.
Au plus flatteur espoir dès-lors on s'abandonne,
Et l'on convient qu'il faut déférer la couronne
Au mortel qui paraît le plus juste en ces lieux ;
Pour cette dignité, chacun jette les yeux
Sur un vieillard, doué d'un aspect vénérable,
Que sa grande vertu rendait recommandable.

Quand il sut pour quel but on s'était assemblé,
De craintes, dans ce jour, il se sentit troublé :
Se retirant chez lui, le cœur plein de tristesse,
Il regrettait les temps qu'avait vus sa jeunesse.
  Lorsque des députés lui vinrent annoncer
Un choix que l'on pensait devoir l'intéresser :
« C'est le peuple, dit-il, qui vers moi vous envoie.
» Puisse à jamais le ciel empêcher qu'on ne croie
» Que je suis le plus juste entre des citoyens
» Qui comptent la vertu pour le premier des biens !
» Ah ! si le vœu public me presse, m'environne,
» Il faudra bien qu'alors je prenne la couronne !
» Troglodytes, croyez ce que vous dit mon cœur :
» Je le pressens ici, je mourrai de douleur,
» De voir nos citoyens sous le pouvoir d'un maître,
» Eux, qui libres étaient quand le ciel me fit naître. »
Son visage, à ces mots, de pleurs est inondé.
« Malheureux jour ! pourquoi m'est-il donc accordé
» Des ans aussi nombreux, dont la fin est amère ? »
Ensuite il s'écria, d'un accent plus sévère :
« Je connais ce qui peut à vos goûts s'opposer,
» Je vois que la vertu commence à vous peser.
» Dans votre état présent, où nul chef ne vous guide,
» Il faut que vous ayez une vertu rigide ;
» Sans elle vous auriez le funeste destin
» Que vos pères ont eu, par le courroux divin.
» Mais ce joug paraît dur à votre impatience :
» Vous voulez vous soumettre à toute autre puissance :

» Les lois d'un prince auront moins de sévérité
» Que vos mœurs, où l'on voit beaucoup d'austérité.
» L'ambition en vous pourra se satisfaire,
» Les richesses alors seront votre salaire ;
» Dans un lâche repos on vous verra languir,
» La volupté sera votre constant plaisir.
» Peut-être vous fuirez l'énormité du crime ;
» Mais la vertu mourra dans vos cœurs, qu'elle anime. »
Rempli d'émotion, il s'arrête un moment,
Et ses larmes encor coulent abondamment.
« A quoi prétendez-vous que ma voix vous excite ?
» Et que puis-je prescrire au cœur d'un Troglodyte ?
» Puis-je lui commander une bonne action,
» A lui, qui fait le bien par inclination,
» Et par le seul penchant qu'il tient de la nature ?
» Sa satisfaction doit en être plus pure.
» Troglodytes ! mon âge est beaucoup avancé :
» Dans mes veines mon sang est maintenant glacé ;
» Vers vos sacrés aïeux j'irai bientôt me rendre :
» Que diront-ils, hélas ! quand je vais leur apprendre
» Qu'au sein de la patrie un pouvoir absolu
» Est venu renverser le joug de la vertu ? »

Le tableau que je viens de mettre en évidence
Nous montre que des mœurs la touchante influence
Est le plus doux lien de la société,
Et surpasse des lois la ferme autorité.

O Montesquieu! pour toi mon zèle se signale :
Permets que, par amour aussi pour la morale,
Je joigne à ton récit quelques réflexions,
Qui sont l'effet bien pur de mes intentions,
Combien je m'applaudis de ma constante flamme,
Qui me fait admirer et bénir ta grande âme,
Et me fait partager tes nobles sentimens,
En vantant tes écrits ou graves, ou charmans!

   Les états, qui des mœurs chérissent la puissance,
Ont souverainement une heureuse existence :
Là tout le bien se fait par pure affection,
Là règne la douceur, l'amitié, l'union;
C'est là que la vertu montre tout son empire.
Sans contrainte l'on suit ce qu'elle vient prescrire;
C'est là que la patrie est chère aux citoyens,
Et qu'elle trouve en eux de généreux soutiens.

   Les mœurs sont le garant des vertus sociales,
Et donnent aux mortels des qualités loyales :
La modération et la sincérité
Sont deux des élémens de leur félicité.
Combien l'on voit régner constamment de droiture
Partout où l'on entend la voix de la nature!

   Le soleil se complaît à dorer les moissons
De celui qui des mœurs écoute les leçons.
La nature à ses yeux semble toujours sourire :
Elle montre à son âme un charme qui l'attire.
La bonté, la candeur, et la sérénité
Accompagnent l'ami de la moralité.

Lorsque l'adversité contre lui se déploie,
Le calme de son cœur le soutient dans la joie.
   L'âge d'or des états, c'est quand règnent les mœurs,
C'est quand leurs doux attraits enflamment tous les cœurs.
Quel spectacle touchant à nos yeux se présente
Chez un peuple où des mœurs la beauté nous enchante !
Là tout réjouit l'âme et tout offre la paix ;
Là du bonheur public tout montre les effets ;
Là chacun se dévoue au bien de ses semblables,
Et ne forme toujours que des vœux raisonnables.
   La conscience dicte à l'homme son devoir :
Sur son être elle exerce un souverain pouvoir ;
Dans l'âme des mortels, souvent impénétrable,
Se trouve écrit des mœurs le code invariable.
Par la nature il est gravé dans notre cœur :
C'est le plus grand bienfait du souverain auteur,
Qui veut que la raison toujours nous avertisse
De suivre la vertu, de fuir l'appât du vice.
Chacun l'a donc en soi, ce guide précieux,
Qui nous dit d'éviter les goûts pernicieux.
La raison est des mœurs le préteur inflexible,
Et, des mœurs, le remords est le vengeur terrible :
On ne peut émousser ce qu'il a de poignant,
Tandis que de Thémis le glaive foudroyant
Plus d'une fois en vain voulut frapper le crime,
Ou vit l'homme innocent devenir sa victime.
   Chérissons donc des mœurs l'empire fortuné :
Pour vivre sous sa loi chaque mortel est né ;

Dès le berceau les mœurs viennent, avec tendresse,
Nous montrer le sentier qu'on doit suivre sans cesse.
Et, quand nous approchons de la nuit du tombeau,
Les mœurs offrent encore à nos yeux leur flambeau,
Céleste, consolant, dont la douce lumière
Vient ouvrir devant nous l'éternelle carrière,
Où la vertu reçoit le prix de ses penchans,
Que lui font espérer ses sentimens touchans.

FIN DU CHANT QUATRIÈME ET DERNIER.

ERRATA.

Avant-propos, page 5, ligne 6, au lieu de *essort* lisez *essor.*
Idem, page 7, ligne 31, au lieu de *didactique*, lisez *méthodique.*

www.ingramcontent.com/pod-product-compliance
Lightning Source LLC
LaVergne TN
LVHW022341170728
843503LV00008B/3474